CON SUMA Y SIGUE...

Entrénate
para las
pruebas
de diagnóstico.

Repasa
para superar
el curso.

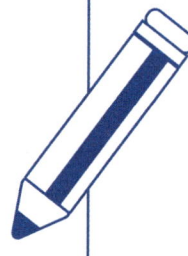

Descubre cómo
te acompañan
las matemáticas
en tu día a día.

¡Convierte las
matemáticas
en tus aliadas!

Este cuaderno
pertenece a: ....

....

1 **Realiza** las sumas.

```
   2 4 , 8          4 6 , 4          1 3 , 8          2 3 , 7
 + 4 5 , 9        + 5 9 , 7        + 3 6 , 6        + 4 5 , 9
```

```
   9 6 , 6          6 8 , 3          4 5 , 7          6 2 , 4
 + 1 4 , 5        + 3 4 , 5        + 9 2 , 5        + 1 8 , 3
```

```
   6 5 , 3          6 4 , 6          8 2 , 4          7 9 , 8
 + 5 2 , 7        + 5 8 , 3        + 1 6 , 8        + 2 5 , 2
```

```
   3 2 , 6          3 2 , 4          4 8 , 8          3 4 , 5
 + 6 9 , 6        + 5 7 , 9        + 6 4 , 0        + 4 6 , 8
```

2 **Escribe** con números romanos.

23 ☐   33 ☐   36 ☐

16 ☐   60 ☐   58 ☐

13 ☐   40 ☐   73 ☐

54 ☐   100 ☐   92 ☐

3 **Resta.**

```
   8 7 , 6          7 8 , 5          7 2 , 3          5 4 , 7
 - 2 9 , 4        - 2 9 , 8        - 4 9 , 6        - 2 3 , 9
```

```
   6 4 , 2          5 4 , 8          9 3 , 2          6 8 , 3
 - 1 8 , 7        - 2 9 , 3        - 3 8 , 5        - 4 2 , 5
```

```
   8 3 , 1          8 3 , 6          5 3 , 2          8 7 , 6
 - 2 9 , 2        - 4 9 , 2        - 1 5 , 9        - 3 4 , 8
```

4 **Resuelve** las multiplicaciones.

```
    2 5 , 4          8 6 , 3          5 8 , 3          6 3 , 2
×     1 5        ×     3 6        ×     8 4        ×     4 3
```

```
    3 6 , 7          7 5 , 3          4 9 , 8          4 3 , 6
×     7 2        ×     2 9        ×     7 9        ×     4 7
```

5 **Compara** los números decimales.

	> o <	
4,12	○	4,15
21,56	○	21,36
42,20	○	42,19
18,40	○	18,51

	> o <	
0,34	○	0,43
35,7	○	35,4
4,32	○	4,24
6,3	○	6,4

🔑 RESUELVE CON PISTAS

Juan y Mar van a hacer la compra juntos al mercado del barrio. Juan compra 3 kg de granadas a 2,15 €/kg y Mar, 4 kg de kiwis a 1,85 €/kg. ¿Cuánto pagan entre los dos?

Juan se gasta:

```
        ☐ €/kg granadas
×       ☐ kg granadas
        ☐ €
```

Mar se gasta:

```
        ☐ €/kg kiwis
×       ☐ kg kiwis
        ☐ €
```

Entre los dos pagan:

```
        ☐ €
+       ☐ €
        ☐ €
```

1 **Divide** y **expresa** el resultado con un número decimal.

7 4 8, 8 | 22   7 3 0, 0 | 68   8 6 5, 8 | 72

4 3 4, 1 | 51   5 4 4, 2 | 21   7 5 4, 4 | 97

3 3 5, 4 | 97   1 2 0, 1 | 13   6 4 2, 1 | 34

2 **Aproxima** los números decimales a la unidad.

34,7 ☐   25,96 ☐   36,25 ☐   99,87 ☐

23,82 ☐   58,28 ☐   74,84 ☐   11,34 ☐

42,15 ☐   25,87 ☐   34,19 ☐   49,88 ☐

3 **Multiplica.**

```
    3 4 5, 7          1 2 4, 6          4 1 2, 3          7 6 5, 3
  ×     4 5 3       ×     8 2 1       ×     6 8 9       ×     7 1 4
```

```
    2 9 8, 4          5 3 2, 8          2 9 3, 7          6 7 8, 9
  ×     5 6 2       ×     9 0 7       ×     5 2 2       ×     3 1 9
```

4 **Suma.**

```
    3 4 5 6, 7          7 1 1 2, 4          5 2 3 4, 6          1 2 3 4, 5
  + 7 8 9 4, 3        + 3 2 9 8, 5        + 7 1 2 4, 7        +     8 7 6, 7
  _____        _____        _____        _____
```

```
    4 6 2 1, 5          9 8 7 6, 1          6 8 9 7, 3          2 3 4 5, 9
  + 9 2 3 4, 8        + 6 5 4 3, 9        + 2 3 4 5, 1        + 1 5 6 7, 8
  _____        _____        _____        _____
```

```
    5 8 2 9, 6          4 1 5 2, 8          8 4 1 2, 5          3 8 9 4, 3
  + 4 0 1 7, 2        + 3 7 4 9, 4        + 1 6 4 3, 8        + 2 4 5 6, 4
  _____        _____        _____        _____
```

5 **Resuelve** las restas.

```
    9 2 3 4, 8          4 1 5 2, 8          8 3 2 1, 7          2 3 4 5, 6
  - 4 6 2 1, 5        - 3 7 4 9, 4        - 4 8 9 6, 5        - 1 2 3 4, 5
  _____        _____        _____        _____
```

```
    5 8 2 9, 6          8 4 1 2, 5          7 6 3 4, 5          4 5 6 7, 8
  - 4 0 1 7, 2        - 1 6 4 3, 8        - 5 1 2 3, 2        - 2 3 4 5, 2
  _____        _____        _____        _____
```

```
    7 1 1 2, 4          9 7 6 5, 3          8 9 4 5, 7          9 8 7 6, 5
  - 3 2 9 8, 5        - 4 3 5 2, 2        - 3 6 7 2, 4        - 4 5 6 7, 3
  _____        _____        _____        _____
```

6 Julio, Mario, Laura y Sofía han participado en un concurso y han ganado un premio de 345,8 € que quieren repartir a partes iguales. ¿Cuánto le toca a cada uno?

A cada uno le toca ⬚ €

FICHA **3**

1 **Haz** las multiplicaciones.

```
    3 4 5, 7          5 3 2, 8          3 1 9, 7          1 2 3, 4
  ×       4 5       ×       1 4       ×       2 9       ×       5 6
```

```
    2 9 8, 4          2 9 3, 7          5 0 2, 4          4 5 6, 7
  ×       2 7       ×       2 2       ×       4 1       ×       3 4
```

```
  1 2 4 6, 7          8 5 7, 2          6 8 1, 9          2 3 4, 5
  ×         1 2     ×       1 9       ×       2 4       ×       6 2
```

```
    7 6 5, 3          4 1 2, 3          7 4 3, 6          7 8 9, 3
  ×       3 6       ×       3 8       ×       2 8       ×       2 7
```

2 **Indica** el número al que corresponde cada letra de la recta numérica.

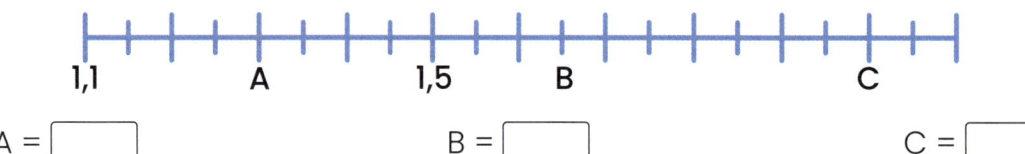

1,1   A   1,5   B   C

A = [   ]   B = [   ]   C = [   ]

3 **Suma.**

```
    4 6 2 1, 5 5           4 1 5 2, 8 7           7 1 1 2, 4 2
  + 9 2 3 4, 8 1         + 3 7 4 9, 4 5         + 3 2 9 8, 5 7
```

```
    5 8 2 9, 6 3           8 4 1 2, 5 8           6 2 9 1, 4 7
  + 4 0 1 7, 2 4         + 1 6 4 3, 8 9         + 7 3 2 8, 6 4
```

4 **Divide** y **expresa** el resultado con dos números decimales.

4 8 7 , 5 ⌞6 2⌟   7 5 3 , 1 ⌞8 4⌟   8 0 1 , 4 ⌞3 9⌟

6 3 4 , 8 ⌞5 3⌟   2 8 6 , 5 ⌞6 3⌟   8 5 2 , 3 ⌞4 4⌟

9 1 4 , 2 ⌞4 7⌟   9 2 7 , 6 ⌞5 4⌟   9 6 4 , 8 ⌞5 5⌟

5 **Relaciona** con flechas.

4 horas   •   • 180 minutos

2,5 horas   •   • 240 minutos

3 horas   •   • 150 minutos

0,5 horas   •   • 90 minutos

1,5 horas   •   • 30 minutos

6 Si un año tiene 52 semanas y Álvaro es capaz de ahorrar 4,25 € al día, ¿cuánto dinero ahorrará en un año?

Ahorrará ⌞____⌟ € en un año.

FICHA **4**

1 **Resta.**

```
  6 8 9 2,4 5          9 5 4 1,7 2          6 3 7 5,1 8
- 5 6 4 3,2 2        - 6 2 1 4,5 6        - 4 5 3 1,7 6
```

```
  8 5 3 2,4 6          7 3 8 4,5 7          8 9 2 3,6 7
- 7 3 4 5,3 2        - 5 2 9 1,4 3        - 7 1 2 4,5 8
```

```
  7 5 3 2,9 4          7 6 2 9,5 3          8 1 5 7,4 4
- 4 2 3 5,6 7        - 5 2 4 1,1 9        - 4 2 3 6,1 9
```

2 **Completa** la cenefa para que el dibujo sea simétrico.

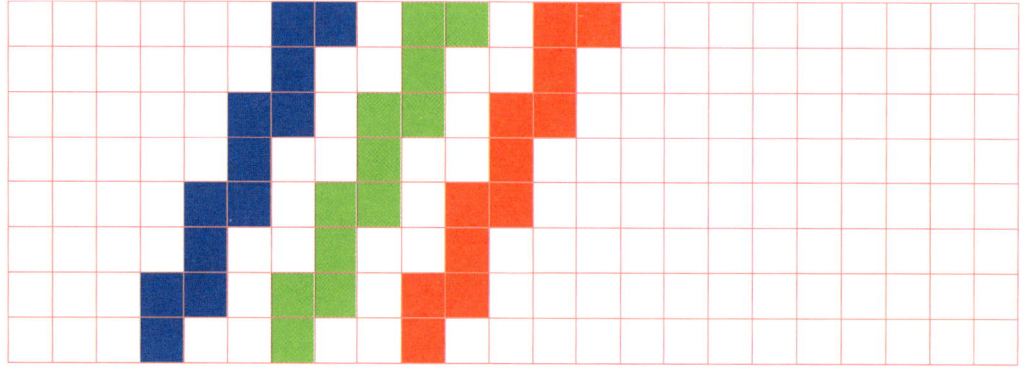

3 **Multiplica.**

```
  5 8 7 7,5          7 7 6 5,0          4 4 6 5,8          6 3 6 5,7
×       3 4 8      ×       3 9 2      ×         1 2 9    ×         4 2 1
```

```
  7 3 7 1,9          5 3 1 9,5          6 7 0 8,7          8 9 0 3,9
×         1 9 1    ×         5 1 5    ×         2 7 2    ×         2 8 8
```

8

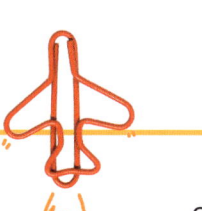

```
   9 0 1 9 7,4          2 8 5 8 6,8          2 8 7 7 6,5
 + 7 6 8 4 0,4        + 1 5 9 4 0,9        + 8 5 6 0 1,3
```

```
   9 5 4 8 7,6          1 9 4 9 2,4          2 1 6 9 1,6
 + 2 2 2 2 5,5        + 1 5 9 5 3,3        + 4 1 7 2 5,8
```

```
     9 2 3,8            8 4 1,2              6 9 3,8              7 3 8,1
 ×       1 3        ×       1 9          ×       2 1          ×       2 7
```

```
     5 1 2,4            6 2 1,5              2 8 1,7              4 7 9,3
 ×       4 9        ×       4 2          ×       3 9          ×       6 4
```

```
 7 9 2 4,5 | 63         8 9 4 3,2 | 56        8 3 7 4,9 | 69
```

```
 6 4 8 3,9 | 51         5 8 2 3,1 | 31        7 2 9 8,5 | 48
```

```
 9 3 7 8,1 | 66         9 6 5 2,3 | 45        5 6 1 2,7 | 33
```

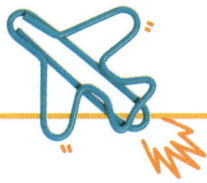

1 | **Multiplica.**

```
    7 8 9,3        4 8 1,9        7 2 9,5        2 8 9,5
  ×     1 8      ×     4 6      ×     3 4      ×     5 2
```

```
    4 7 3,8        5 9 9,7        4 3 8,9        3 1 5,8
  ×     4 1      ×     5 3      ×     1 7      ×     3 8
```

2 | **Multiplica** por la unidad seguida de ceros.

	× 10	× 100	× 1000
14,2			
29,7			
38,5			
412,3			
58,1			

3 | **Divide** y **expresa** el resultado con un número decimal.

```
9 1 5 7,8 |93       5 3 4 2,5 |45       6 1 3 4,3 |72
```

```
8 2 6 0,4 |46       3 4 8 9,1 |21       5 9 6 9,8 |43
```

4 **Resuelve** las restas.

```
  7 5 3 2 , 6 7          9 1 0 0 , 1 2          7 2 1 3 , 8 5
− 4 8 2 1 , 3 5        − 6 4 5 7 , 1 1        − 4 8 9 2 , 7 0
```

```
  8 9 2 1 , 5 4          7 1 2 3 , 9 8          8 3 0 1 , 5 0
− 1 7 5 6 , 8 9        − 2 3 8 1 , 7 6        − 2 7 5 0 , 2 5
```

```
  5 4 1 2 , 4 3          6 4 7 8 , 3 0          5 9 0 3 , 3 2
− 2 3 9 8 , 1 6        − 2 1 4 5 , 9 9        − 4 1 5 6 , 1 0
```

5 **Divide** entre la unidad seguida de ceros.

	: 10	: 100	: 1000
500			
800			
1200			
8 400			
28 000			
85 000			

 RESUELVE CON PISTAS

Tres amigos necesitan 36,75 € para ir al teatro. Pablo ahorra 10,15 € y Estefanía consigue 13,64 €. ¿Cuánto tiene que reunir Jaime para comprar las entradas?

1.º Después de lo ahorrado por Pablo, falta:

☐ € que cuesta el teatro
− ☐ € ahorrados por Pablo
☐ € que faltan

2.º Jaime tiene que reunir:

☐ € que faltan
− ☐ € ahorrados por Estefanía
☐ € que debe reunir Jaime

FICHA **6**

1 **Resuelve** las sumas.

```
    3 4 9 8 , 7 6        3 5 8 7 , 3 6        7 9 6 5 , 5 8
  + 6 8 5 6 , 5 9      + 5 9 6 7 , 5 9      + 4 5 3 1 , 7 6
  ───────────────      ───────────────      ───────────────
```

```
    4 1 7 9 , 4 5        4 4 3 5 , 6 1        6 9 2 3 , 5 3
  + 4 6 9 4 , 5 6      + 6 9 0 6 , 3 9      + 8 9 5 2 , 3 8
  ───────────────      ───────────────      ───────────────
```

```
    3 5 2 9 , 9 7        6 2 5 2 , 9 8        6 3 9 3 , 7 5
  1 5 9 1 3 , 1 4      3 6 5 8 7 , 3 3      6 2 4 3 9 , 6 9
  +   5 1 9 5 , 6 7    +   3 8 0 8 , 9 5    +   4 4 5 0 , 3 9
  ─────────────────    ─────────────────    ─────────────────
```

2 **Completa** las series añadiendo dos números más a cada una.

0,1   1,3   2,5

3,3   3,6   3,9

5,2   5   4,8

6,0   5,5   5,0

3 **Multiplica.**

```
    4 9 , 5          4 6 , 8          7 9 , 4          8 7 , 4
  × 2 6 3          ×     4 9        ×     1 6        ×     6 4
  ─────────        ─────────        ─────────        ─────────
```

```
    4 9 , 4          9 7 , 5          9 6 , 3          3 5 , 3
  ×     5 3        ×     2 3        ×     8 4        ×     9 3
  ─────────        ─────────        ─────────        ─────────
```

4 Julia va a enviar juegos de mesa y manualidades a su primo Marcos. Tiene dos cajas, una con juegos que pesa 2,45 kg y otra con manualidades de 3,67 kg. Si en el envío puede enviar hasta 10 kg, ¿cuánto peso podrá meter en una tercera caja?

Podrá llenar la caja con [＿＿＿] kg.

REPASO

3 8 6 7, 5 ⌊54	8 4 3 7, 8 ⌊57	2 9 7 9, 2 ⌊43
2 8 9 6, 6 ⌊19	9 9 5 0, 6 ⌊24	4 8 4 8, 6 ⌊21
6 5 9 2, 8 ⌊47	4 9 8 3, 5 ⌊24	6 4 2 3, 6 ⌊27

7 8 7, 6 3	4 2 4, 8 1	7 3 5, 2 6	6 2 4, 2 5
− 2 2 5, 9 4	− 2 5 2, 9 4	− 6 6 1, 1 9	− 3 4 3, 9 6

8 3 4, 1 8	3 2 9, 7 4	5 8 4, 5 5	4 1 0, 0 1
− 4 2 3, 8 6	− 2 9 3, 8 6	− 3 2 8, 8 7	− 2 9 1, 4 2

1 **Multiplica.**

```
    4 6 5,4          6 3 3,9          5 4 6,8          4 7 3,4
×       2 7      ×       2 4      ×       3 5      ×       1 6
```

```
    7 2 6,9          7 5 2,2          4 9 6,7          6 4 3,9
×       3 4      ×       4 2      ×       3 9      ×       3 9
```

2 **Completa** el sudoku.

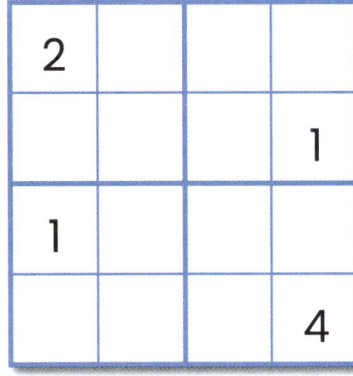

3 **Suma.**

```
  6 9 4,3 5        6 3 9,8 3        3 9 7,9 3        2 5 4,6 5
+ 3 7 6,2 7      + 2 9 5,6 3      + 8 9 6,4 9      + 3 7 1,4 8
```

```
  9 5 5,2 8        3 8 2,4 8        5 2 0,9 8        6 4 3,2 9
+ 4 6 6,3 8      + 7 7 4,8 9      + 4 9 9,2 7      + 1 8 4,7 2
```

```
  5 6 9,5 7        3 4 8,6 7        6 2 1,6 9        5 1 2,3 4
+ 2 9 6,7 3      + 2 8 9,8 4      + 3 9 8,3 9      + 3 2 8,9 7
```

4 **Divide** y **expresa** el resultado con un número decimal.

8 0 7 9 , 6 |13   2 9 8 5 , 4 |37   1 5 7 2 , 7 |26

5 4 6 1 , 8 |24   7 2 5 9 , 4 |62   6 3 9 6 , 2 |23

7 6 3 8 , 4 |53   3 6 5 7 , 4 |19   3 6 8 9 , 3 |65

5 **Resuelve** las multiplicaciones.

```
    3 5 7 , 6        3 7 9 , 4        4 5 9 , 3        5 7 3 , 1
  ×       3 , 9    ×       8 , 6    ×       5 , 8    ×       2 , 3
```

```
    2 7 9 , 8        5 7 9 , 3        7 8 3 , 5        2 4 8 , 7
  ×       2 , 5    ×       8 , 9    ×       2 , 4    ×       6 , 7
```

6 **Suma.**

```
    3 4 3 , 8 6      5 4 8 , 7 9      4 8 3 , 9 4      9 9 4 , 5 2
  + 8 2 7 , 9 6    + 3 3 6 , 6 4    + 2 9 5 , 4 5    + 6 8 3 , 7 8
```

1 **Resuelve** las restas.

```
  7 5 9 3,2        8 4 5 2,1        8 6 2 6,7        7 3 8 2,4
- 4 7 0 5,8      - 2 7 5 3,4      - 2 9 7 9,5      - 3 5 4 2,9
```

```
  4 3 7 4,4        4 3 4 7,4        6 4 5 3,6        9 4 0 5,5
- 3 9 0 2,8      - 2 9 0 9,8      - 2 9 8 3,9      - 4 2 9 6,6
```

```
  5 6 2 7,5        3 8 9 6,3        4 5 7 2,5        6 2 1 8,2
- 3 2 4 8,7      - 2 6 1 7,7      - 2 7 8 4,1      - 4 5 8 4,8
```

2 **Completa** la imagen y haz que sea simétrica.

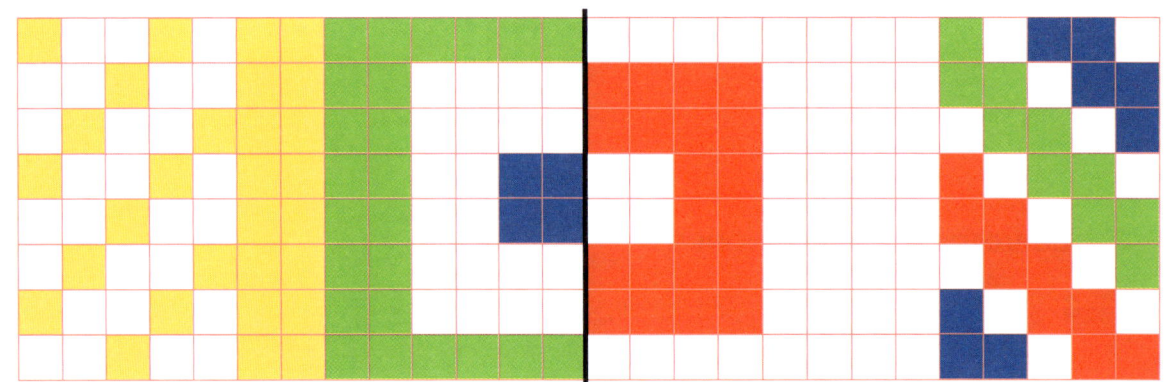

3 **Multiplica.**

```
  6 4 2,8          4 2 7,4          7 5 8,5          6 3 5,2
×       3 2      ×       5 8      ×       2 8      ×       3 4
```

```
  1 3 6,7          2 4 9,6          9 7 3,2          4 9 8,3
×         6 4    ×         7 3    ×         1 8    ×         1 6
```

4 **Descifra** el acertijo.

 + 3,15 = 8,55   7,68 +  = ☐    = ☐

 REPASO

5 8 2 7 4, 6 │53   2 6 4 8 3, 7 │45   6 7 7 8 2, 3 │37

5 9 7 3 9, 5 │72   5 0 9 0 5, 8 │25   5 8 8 2 1, 5 │38

3 5 8 5 8, 4 │36   3 8 3 0 4, 9 │16   5 2 3 5 8, 5 │49

```
   8 6 2 3, 8 7        3 6 3 2, 8 4        2 5 9 3, 6 3
 + 3 9 4 0, 5 5      + 6 5 3 4, 0 5      + 7 2 8 5, 3 7
```

```
   3 4 7 0, 8 4        2 7 6 4, 5 8        2 7 4 8, 3 2
 + 4 5 9 2, 7 7      + 1 8 7 6, 7 6      + 1 4 5 7, 8 2
```

FICHA 9

1 **Resuelve** las restas.

```
  7 4 0 9,6 5        6 4 3 4,3 5        4 3 5 1,6 3
- 7 0 6 1,9 4      - 2 9 6 8,6 8      - 2 9 8 3,7 9


  3 5 2 4,9 3        8 6 3 2,6 5        5 2 8 0,5 4
- 2 6 6 3,8 5      - 4 3 6 3,5 7      - 1 4 3 2,9 1


  3 5 0 9,8 4        4 2 8 7,4 1        5 3 6 0,5 3
- 1 3 5 3,8 4      - 2 3 7 4,5 6      - 3 9 6 3,8 2
```

2 **Calcula.**

	Doble	Triple	Mitad
8			
14			
34			
56			
88			
100			

3 **Divide** y **expresa** el resultado con un número decimal.

```
3 5 6 2 5,6 |127      5 7 0 9 4,5 |149      4 1 5 2 0,5 |135


6 3 4 3 8,2 |327      3 9 3 4 5,5 |103      5 3 3 2 7,9 |163
```

4 **Resuelve** las operaciones.

```
  7 4 5 7 , 4 8
+ 3 9 6 5 , 1 8
```

```
  9 2 0 3 , 5 8
+ 7 4 9 5 , 9 6
```

```
  7 3 3 4 , 9 6
+ 3 7 5 7 , 3 3
```

```
  3 8 7 6 , 8 2
+ 4 9 2 3 , 5 3
```

```
  2 8 6 9 , 2 7
+ 8 4 5 6 , 4 7
```

```
  9 9 0 7 , 8 4
+ 3 8 8 5 , 7 5
```

```
  2 6 9 0 , 6 3
+ 9 6 5 6 , 5 7
```

```
  6 3 7 9 , 8 6
+ 5 2 5 9 , 5 2
```

```
  1 5 3 0 , 6 4
+ 9 3 4 3 , 1 6
```

```
    8 7 3 , 5
×     6 8 3
```

```
    5 2 9 , 4
×     1 6 4
```

```
    1 5 6 , 4
×     4 2 7
```

```
    4 8 3 , 4
×     1 5 9
```

```
    5 9 3 , 4
×     3 2 9
```

```
    6 5 2 , 3
×     5 0 6
```

```
    2 3 7 , 4
×     5 3 4
```

```
    4 5 2 , 8
×     2 6 9
```

```
    7 4 3 , 6
×     1 9 3
```

5 Clara quiere repartir los 563,5 € que tiene ahorrados entre 5 asociaciones que trabajan con personas con discapacidad, de manera que a cada una le toque el mismo dinero. ¿Cuánto dona a cada asociación?

A cada asociación dona [   ] €.

1 **Divide** y **expresa** el resultado con un número decimal.

$$7\ 4\ 5\ 6\ 1\ 6,3\ \underline{|\ 1\ 6\ 3\ }$$

$$1\ 4\ 4\ 5\ 1\ 9,8\ \underline{|\ 1\ 6\ 4\ }$$

$$7\ 5\ 9\ 6\ 5\ 0,7\ \underline{|\ 2\ 0\ 5\ }$$

$$8\ 4\ 7\ 2\ 6,3\ \underline{|\ 2\ 2\ 7\ }$$

$$2\ 4\ 5\ 3\ 3\ 7,6\ \underline{|\ 1\ 2\ 9\ }$$

$$5\ 9\ 5\ 9\ 6\ 3,7\ \underline{|\ 1\ 5\ 9\ }$$

$$5\ 7\ 9\ 7\ 2\ 4,4\ \underline{|\ 2\ 3\ 4\ }$$

$$3\ 9\ 3\ 0\ 3\ 3,7\ \underline{|\ 2\ 9\ 4\ }$$

2 **Completa** con los números de la derecha y haz que se cumplan las operaciones. Puedes repetirlos.

$$\boxed{} : \boxed{} = \boxed{}$$

$$\boxed{} + \boxed{} = \boxed{}$$

$$\boxed{} \times \boxed{} = \boxed{}$$

5,20   14,8   14   13,9   55,2   15

3,5   12   2,5

3,68   25,7

3,3   2,08

40,5   25   5,8

3 **Resuelve** las operaciones combinadas.

$$5,3 \times (2,4 + 3,6) - 9 = \boxed{}$$

$$(1,7 + 4,8 \times 2,3) + 4,5 = \boxed{}$$

$$125 - 3,4 \times 11,5 = \boxed{}$$

$$7,5 + 1,8 \times 30 - 5,6 = \boxed{}$$

$$3,4 + 5,7 \times 1,9 + 6,2 = \boxed{}$$

$$(6,8 - 2,4) \times 3,2 = \boxed{}$$

4 **Resuelve** las operaciones.

```
  5 4 8 9, 1 2            1 2 3 6, 9 8            6 3 2 4, 7 6
    4 7 3 7, 8 7            6 2 6 8, 5 3            9 6 4 7, 5 6
+ 7 8 6 9, 5 6        + 2 8 3 5, 6 3        + 5 8 2 5, 4 9
```

```
    3 4 8, 9          5 6 3, 9          2 5 9, 4          3 6 7, 4
          5 4        ×      2 8        ×      7 6        ×      5 9
```

5 **Crea** una imagen simétrica de tres colores con respecto a la línea central.

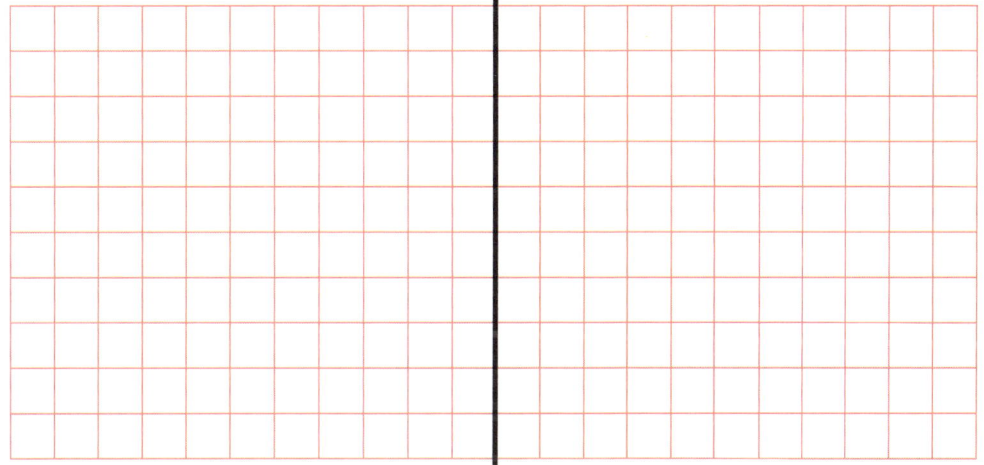

RESUELVE CON PISTAS

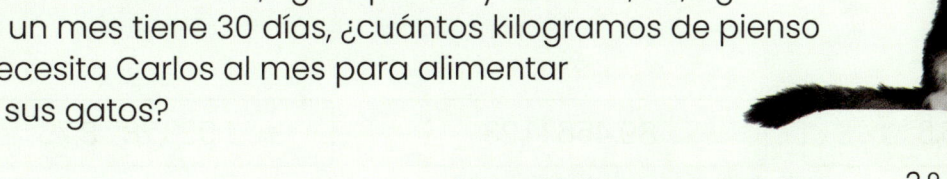

Carlos tiene dos gatos, Chispa y Batman. Chispa come cada día 54,7 g de pienso y Batman, 48,9 g. Si un mes tiene 30 días, ¿cuántos kilogramos de pienso necesita Carlos al mes para alimentar a sus gatos?

1.º Sumar:

```
    [      ] g Chispa
+  [      ] g Batman
    [      ] g totales
```

2.º Multiplicar por los días:

```
    [      ] g totales
×  [      ] días
    [      ] g/mes
```

3.º Convertir g en kg:

```
[      ] kg
```

21

FICHA **11**

1 **Resuelve** las restas.

```
    8 4 5 6, 6 4              5 6 5 8, 6 2              8 6 1 6, 7 6
  – 2 3 6 5, 8 3            – 4 2 9 5, 1 7            – 4 6 5 2, 6 7
```

```
    7 3 9 6, 4 3              2 7 9 3, 4 8              8 6 2 0, 6 9
  – 1 6 4 7, 3 4            – 2 5 9 8, 8 6            – 4 8 6 9, 7 3
```

```
    9 9 0 0, 4 7              6 8 3 9, 7 2              4 5 0 1, 6 3
  – 3 2 8 5, 8 3            – 3 4 2 8, 4 9            – 2 9 4 2, 7 8
```

2 **Escribe** con números romanos.

120 [   ]   39 [   ]   225 [   ]

65 [   ]   103 [   ]   136 [   ]

34 [   ]   111 [   ]   262 [   ]

62 [   ]   200 [   ]   306 [   ]

3 **Coloca** y **calcula** el cociente de estas divisiones.

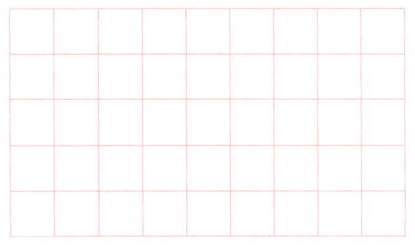
127,62 : 3,5

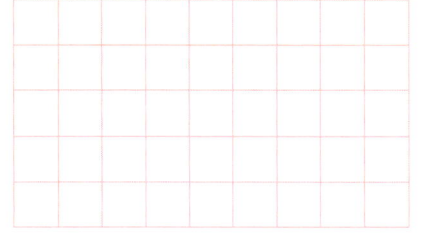
86,4 : 8

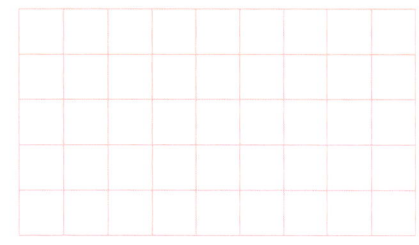
50,75 : 4,2

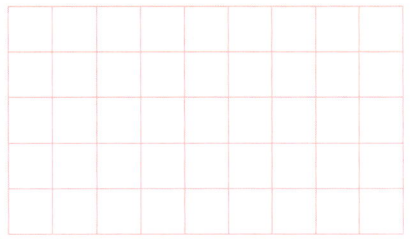
345,89 : 5,6

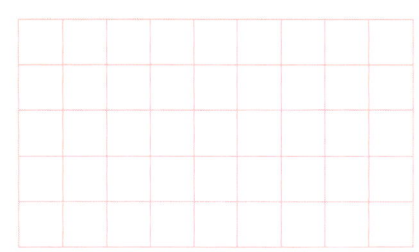
89,456 : 1,23

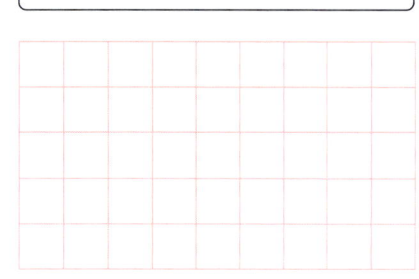
1 023,78 : 8,75

4 **Resuelve** las operaciones combinadas.

$4,2 \times (3,14 + 2,86) - 10 =$ ☐

$(7,2 - 2,3) \times 3,5 =$ ☐

$(1,5 + 3,6 \times 2,4) + 5,75 =$ ☐

$3,8 + 5,4 \times 2,1 + 4,25 =$ ☐

$150 - 4,5 \times 12,8 =$ ☐

$6,75 + 2,25 \times 50 - 3,48 =$ ☐

5 **Completa** la cenefa.

6 **Completa** las huellas.

7 Mario ha decidido reformar el jardín de su casa. Ha comprado un saco de tierra que pesa 28,9 kg. Necesita repartir la tierra en 5 zonas iguales del jardín, de tal manera que cada zona tenga la misma cantidad de tierra. ¿Cuántos kilogramos de tierra tiene que poner en cada zona?

Cada zona debe tener ☐ kg de tierra.

1 **Resuelve** las multiplicaciones.

```
    3 8 1 , 5          7 4 , 8          9 4 8 , 5          1 0 5 , 2
×         6 , 2    ×      4 , 3    ×        1 , 5    ×        1 , 2
```

```
    6 8 7 , 4          2 0 5 , 9          3 8 6 , 7          1 5 3 , 3
×         6 , 4    ×        2 , 9    ×        2 , 3    ×        0 , 5
```

```
    4 3 7 , 9          1 8 3 , 4          3 7 4 , 9          7 0 6 , 5
×         1 , 4    ×        9 , 7    ×        6 , 2    ×        3 , 3
```

2 **Redondea.**

	A las unidades	A las décimas	A las centésimas
1,327			
7,835			
16,248			
54,492			
149,147			
129,743			

3 **Resta.**

```
  7 5 8 7 7 , 5 6          4 7 3 1 , 6 2          6 3 2 6 , 4 3
−     8 5 4 5 , 2 9    −      8 4 0 , 5 8    −      2 9 4 , 1 9
```

24

4 **Indica** la cifra de la recta numérica.

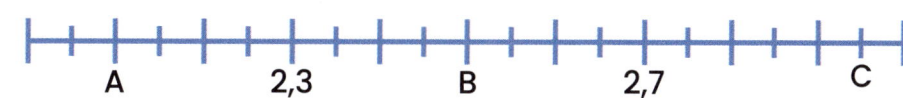

A = [ ]   B = [ ]   C = [ ]

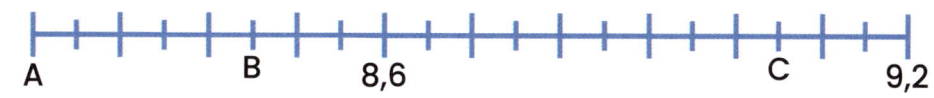

A = [ ]   B = [ ]   C = [ ]

5 **Coloca** y **divide.**

| 49 406,7 : 3,5 | 73 557,3 : 1,4 | 55 836,4 : 6,8 |

| 83 365,3 : 9,4 | 43 639,7 : 4,6 | 34 857,4 : 1,9 |

| 19 205,2 : 2,1 | 48 602,4 : 6,5 | 69 357,8 : 5,7 |

FICHA **13**

YA SABES HACERLO

1 Resta.

```
   4 4 5 9,4        5 8 3 4,6        4 5 3 5,6        4 8 2 5 4,3
 − 2 1 6 9,9      − 3 4 9 3,8      − 1 5 6 3,7      − 2 7 4 3 7,9
```

```
   7 2 6 3,5        2 3 9 4,8        8 5 5 4,2        5 7 3 4 6,5
 − 3 1 2 7,8      −     4 5 4,9    − 2 2 4 3,3      − 4 3 9 4 6,7
```

```
   5 7 2 9,8        3 8 5 6,1        7 2 5 4,4        5 2 8 3 0,3
 − 3 2 5 5,4      − 1 2 7 4,3      − 4 7 5 3,8      − 3 6 9 3 1,9
```

2 Divide.

```
3 4 9 4 6,7 |64        4 9 4 9 7,2 |25        4 3 3 7 2,4 |26
```

```
4 6 3 6 5,9 |24        5 7 3 6 1,2 |15        7 5 2 0 6,7 |13
```

5 432,7 : 3,4	7 891,5 : 2,5	6 745,8 : 4,3

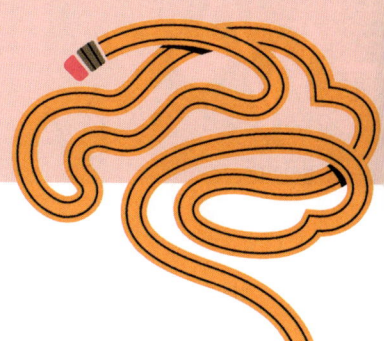

3 **Suma.**

4 3 4 8,7 + 3 9 3 1,6	5 2 4 2,6 + 4 3 2 7,8	4 9 3 9,8 + 6 2 3 4,8	4 3 2 6,4 + 1 7 9 0,6

4 9 0 4,8 + 1 2 6 7,5	7 2 4 8,4 + 2 2 7 4,9	8 3 5 7,6 + 2 9 2 7,9	8 3 7 5,8 + 2 5 4 9,9

1 2 3 4,5 2 7 8 9,6 + 3 4 2 1,8	4 5 6 7,3 1 2 3 4,9 + 5 6 7 8,2	7 6 5 4,7 3 2 1 0,4 + 1 9 8 7,5	9 8 7 6,2 4 3 2 1,1 + 2 3 4 5,9

4 **Multiplica.**

2 2 4,5 × 3 7	5 7 3,8 × 6 3	4 3 7,5 × 4 3	2 3 4,5 × 6,2

7 4 7,9 × 5 2	7 9 2,6 × 8 6	7 1 6,8 × 1 3	4 7 8,9 × 3,4

5 2 4,9 × 4 7	8 3 6,6 × 2 3	9 5 7,3 × 2 6	5 6 2,3 × 7,5

LA VIDA EN EL CAMPO

Julián vive con sus padres en el campo para estar en un ambiente con menos contaminación y rodeado de un entorno natural.

1 Va al colegio en el autobús escolar y el viaje de ida dura 20 minutos y el de vuelta 25 minutos. En una semana, ¿cuánto tarda en traslados? **Rodea** la respuesta correcta.

| 5 horas | 5 h y 15 min | 225 minutos | 6 horas |

2 Si en un mes va 20 días al colegio y cada viaje en autobús le cuesta 1,15 €, ¿cuánto gastará en transporte? **Señala** la respuesta correcta.

41,15 € ☐   50 € ☐   46 € ☐   30,5 € ☐

3 La ventaja de vivir en el campo es que tiene mucho espacio para hacer deporte. Le encanta salir a correr y a montar en bicicleta. Corre 3 veces por semana y sale en bici 2. El tiempo de cada actividad es el siguiente:

	Tiempo en un día
Correr	0,5 h
Bicicleta	1,5 h

Señala si es verdadero o falso.

	Verdadero	Falso
Corre a la semana el mismo tiempo que un día de bicicleta.		
El tiempo que dedica a correr es la mitad que el que dedica a montar en bicicleta.		
Sale en bici 3 horas a la semana.		
En total, sale a correr 2 h a la semana.		

4 El jardín que rodea su casa tiene forma de pentágono.
Si lo recorre andando, ¿cuántos metros tiene el recorrido?
Rodea la respuesta correcta.

6 metros

5,36 metros

7 metros

6,7 metros

1,34 m

5 Para tener alimentos ecológicos y de temporada, han creado
un huerto en el jardín de la casa con pimientos, lechugas
y berenjenas. En dos meses han cosechado lo siguiente:

	Pimientos	Lechugas	Berenjenas
Julio	13,40 kg	18,43 kg	15,72 kg
Octubre	22,15 kg	12,75 kg	17,25 kg

Escribe si es verdadero (V) o falso (F):

• Han cosechado 35,55 kg de pimientos. ☐

• En octubre cosecharon 34,85 kg de pimientos y lechugas. ☐

• En los dos meses han cosechado más cantidad
de berenjenas que de lechugas. ☐

6 En febrero plantaron tomates en el huerto y cuando
llegó la cosecha recogieron 53,6 kg de tomates que quieren
repartir entre sus 4 vecinos. ¿Cuántos kilogramos de tomates
le toca a cada uno?

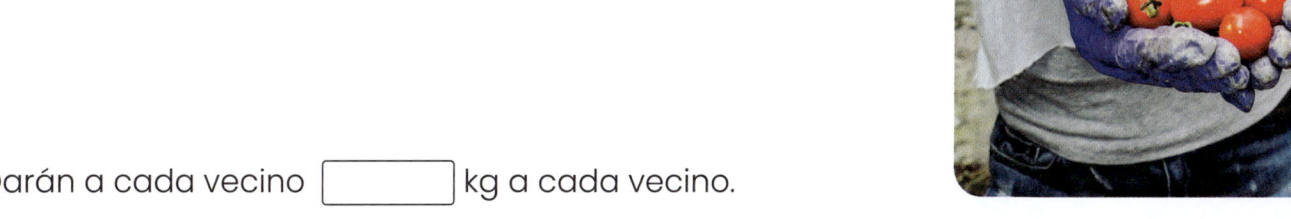

Darán a cada vecino ☐ kg a cada vecino.

RECONSTRUYENDO LA NATURALEZA

Este verano ha pasado algo horrible, se ha incendiado el bosque del pueblo de Marta. Todos los vecinos han decidido ayudar a repoblarlo.

1 Cada día van a echar una mano, e invierten 35 minutos en plantar un nuevo árbol. Si en una tarde plantaron 5 árboles, ¿cuántos minutos le han dedicado? **Rodea** la respuesta correcta.

170 minutos   100 minutos   175 minutos   30 minutos

2 El fin de semana, se juntan muchas personas entre jóvenes y adultos en el bosque. Si cada adulto aporta para los árboles 2,15 € y los jóvenes, 1,50 €, ¿cuánto se recaudará en un fin de semana? **Señala** la respuesta correcta.

36 euros ☐

40 euros ☐

45,15 euros ☐

36,70 euros ☐

	Asistentes
Jóvenes	13
Adultos	8

3 El último fin de semana de mayo, se dedicaron a quitar los árboles caídos y buscaron aquellos que habían sobrevivido y podían rescatar.

	Número de ejemplares
Árboles caídos.	23
Árboles para rescatar.	18

Indica si es verdadero o falso.

	Verdadero	Falso
Sobreviven más de los que se quitan.		
En total se miraron 41 árboles.		
Sobreviven más de 15 ejemplares.		
Se quitan más de 25 árboles caídos.		

4 En total se quemaron 134,75 hectáreas de bosque.
Si ya han restaurado 99,87 hectáreas, ¿cuántas hectáreas
quedarán por restaurar? **Señala** la respuesta correcta.

34,88 ha ☐   33,88 ha ☐

35,88 ha ☐   336 ha ☐

5 En el proyecto de reforestación que se está llevando
a cabo en el bosque, se han instalado 58 casas para
pájaros y 42 comederos. Si cada casa para pájaros
costó 39,95 € y cada comedero, 25,90 €, ¿cuánto dinero
se gastó en total en la compra de estos objetos?
Rodea la respuesta correcta.

| 3 123,50 € | 3 567,10 € | 3 789,60 € | 4 012,30 € |

6 El ayuntamiento del pueblo está muy agradecido con los vecinos
que han ayudado en el bosque y les va a regalar 432,75 Litros de
aceite de oliva. Si participaron 25 personas, ¿cuántos litros de aceite
le tocaron a cada uno? **Rodea** la respuesta correcta.

| 16,45 L | 17,31 L | 35 L | 18,52 L |

7 En total se plantaron 34 pinos y 45 chopos. Si cada
pino pesaba 3,45 kg y cada chopo, 2,75 kg,
¿cuántos kilos transportaron en el camión?

En total se transportaron ☐ kg.

En la realización de esta obra han intervenido:

Colaborador

Jhoan M. López - @losprofesdeciencias

Edición

Isabel M.ª Sanz

Maquetación

Mar Garrido

Corrección

Miguel Ángel Alonso

Diseño gráfico

Patricia G. Serrano, Marta Gómez y Paz Franch

Edición gráfica

Olga Sayans

Fotógrafos

Archivo Anaya (Padura, S.), iStock/Getty Images (attl, BING-JHEN HONG, Buchandbee, JackF, koldo studio, Lagui, LightFieldStudios, Ljupco, Natalia Duryagina, Nynke van Holten, osoznaniejizni, Pektoral, seamartini, SergeiKorolko, Sergey Skleznev, SerrNovik, SMarina, tatianazaets), 123RF (magneticmcc, melnyk58, milkos, serrgey75).